Impressum

© Amiguitos - Sprachen für Kinder, Hamburg 2023
www.amiguitos.de

2. Auflage November 2023

Übersetzung ins Englische: Michael A. Wright, Juliane Buschhorn-Walter
Übersetzung ins Deutsche: Claudia von Holten, Juliane Buschhorn-Walter
Bildbearbeitung und Digitalisierung: Jörn von Holten
Ergänzende Arbeitsblätter: Tropenwald-Stiftung OroVerde
Übersetzung der Arbeitsblätter ins Spanische: Marcela Guarnizo Caro
Übersetzung der Arbeitsblätter ins Englische: Juliane Buschhorn-Walter
Gesamtgestaltung: Juliane Buschhorn-Walter, Claudia von Holten
Druck: AALEXX Buchproduktion GmbH, Großburgwedel

ISBN 978-3-943079-21-0

Jose Paniagua

Illustrationen von Álvaro Prego

El Colibrí que perdió su pico
The Hummingbird who lost his beak
Der Kolibri, der seinen Schnabel verlor

Cada mañana el pequeño Colibrí se levantaba muy temprano y presumidamente peinaba su pelo, acariciaba su plumaje y abrillantaba su pico.

Every morning, the little Hummingbird got up very early and arrogantly groomed his plumage, caressed his feathers and polished his beak.

Jeden Morgen stand der kleine Kolibri sehr früh auf und kämmte selbstverliebt seinen Flaum, strich sich über sein Federkleid und polierte seinen Schnabel.

Pero un día sucedió algo inesperado. El Colibrí se levantó muy temprano y, como de costumbre, peinó su pelo, acarició su plumaje y abrillantó su piiiiiiiii.... ¡Qué sorpresa! ¡Increíble! ¡Su pico había desaparecido!

But, one day, something unexpected happened. The Hummingbird got up very early as usual and groomed his plumage, caressed his feathers and polished his beeeeeeeeee... What a surprise! Unbelievable! His beak had disappeared!

Aber eines Tages passierte etwas Unerwartetes. Der Kolibri stand wie gewöhnlich sehr früh auf und kämmte seinen Flaum, strich sich über sein Federkleid und polierte seinen Schnaaaaaaaaaa... Welch Überraschung! Unglaublich! Sein Schnabel war verschwunden!

Muy triste, lloró tanto que llenó charcos, lagos, mares y océanos. Y cómo suele pasar, después de la tormenta, vino la calma. Entonces emprendió su viaje en busca del atrevido ladrón de picos.

Sadly he shed tears that filled puddles, lakes, seas and oceans. However, as usual, after the storm followed the calm. And so, he set out on his journey to find the despicable beak-thief.

Bitterlich weinte er so viel, dass er damit Pfützen, Seen, Meere und Ozeane füllen konnte. Aber wie es immer ist, nach dem Sturm kommt die Ruhe. Somit trat er seine Reise an, um den niederträchtigen Schnabeldieb zu fassen.

Enfadado y molesto, rápidamente
   atravesó campos verdes, muy verdes,

Angry and annoyed, he quickly
   crossed green, very green fields,

Böse und verärgert, machte er sich eilig auf,
   durchquerte grüne, sehr grüne Ebenen,

Enfadado y molesto, rápidamente
atravesó campos verdes, muy verdes,
sobrevoló lagos azules, muy azules,

Angry and annoyed, he quickly
crossed green, very green fields,
flew over blue, very blue lakes,

Böse und verärgert, machte er sich eilig auf,
durchquerte grüne, sehr grüne Ebenen,
überflog blaue, sehr blaue Seen,

Enfadado y molesto, rápidamente
atravesó campos verdes, muy verdes,
sobrevoló lagos azules, muy azules,
descendió montañas rojas, muy rojas.

Angry and annoyed, he quickly
crossed green, very green fields,
flew over blue, very blue lakes,
descended red, very red mountains.

Böse und verärgert, machte er sich eilig auf,
durchquerte grüne, sehr grüne Ebenen,
überflog blaue, sehr blaue Seen,
flog rote, sehr rote Berge hinab.

Al llegar a un estanque se encontró con una tortuga y como pudo,
sin pico, le preguntó arrogante:
    - *¿No habrás sido tú quién ha robado mi pico?*
La tortuga mirándolo con tranquilidad respondió:
    *-No, yo no fui. Pero quizás el jaguar que todo lo oye te pueda
    decir dónde encontrarlo.*

Reaching a pond, he met a turtle and, speaking as well as he
could without his beak, he asked boldly,
    'I don't suppose it was you who stole my beak?'
Watching him calmly the turtle answered,
    *'No, it wasn't me. But maybe the jaguar, who
    hears everything, could tell you where to find it.'*

Als er an einen Teich kam, traf er auf eine Schildkröte und, so
gut er ohne Schnabel konnte, fragte er sie hochnäsig:
    „Warst du es nicht, die mir den Schnabel gestohlen hat?"
Die Schildkröte schaute ihn ruhig an und antwortete:
    *„Nein, ich war es nicht! Aber vielleicht kann dir
    der Jaguar, der alles hört, sagen, wo er zu finden ist."*

Y así, inquieto y presumido, velozmente
atravesó campos verdes, muy verdes,

And in this way – anxious and arrogant – he rapidly
crossed green, very green fields,

Und so - ruhelos und hochnäsig – machte er sich hastig auf,
durchquerte grüne, sehr grüne Ebenen,

Y así, inquieto y presumido, velozmente
atravesó campos verdes, muy verdes,
sobrevoló lagos azules, muy azules,

And in this way – anxious and arrogant – he rapidly
crossed green, very green fields,
flew over blue, very blue lakes,

Und so - ruhelos und hochnäsig – machte er sich hastig auf,
durchquerte grüne, sehr grüne Ebenen,
überflog blaue, sehr blaue Seen,

Y así, inquieto y presumido, velozmente
atravesó campos verdes, muy verdes,
sobrevoló lagos azules, muy azules,
descendió montañas rojas, muy rojas.

And in this way – anxious and arrogant – he rapidly
crossed green, very green fields,
flew over blue, very blue lakes,
descended red, very red mountains.

Und so - ruhelos und hochnäsig – machte er sich hastig auf,
durchquerte grüne, sehr grüne Ebenen,
überflog blaue, sehr blaue Seen,
flog rote, sehr rote Berge hinab.

24

Después de un largo viaje, llegó a la selva oscura donde habitaba el jaguar fiero y salvaje. Templando se le acercó y con cautela le preguntó:

- Señor Jaguar, Rey de la selva, ¿no sabrá usted quién ha robado mi pico?

El jaguar rugió señalando hacia el norte y el Colibrí, dudoso, siguió su indicación.

After a long journey, he reached the dark jungle where the fierce, wild jaguar lived. Trembling, he approached him with caution and asked, 'Mr Jaguar, king of the jungle, I don't suppose that you know who stole my beak?'

The jaguar roared, pointing towards the north, and the Hummingbird, doubtfully, followed his advice.

Nach einer langen Reise erreichte er den dunklen Dschungel, in dem der starke und wilde Jaguar zu Hause war. Zitternd und vorsichtig näherte er sich ihm und fragte:

„Herr Jaguar, König des Dschungels, wissen Sie nicht vielleicht, wer meinen Schnabel gestohlen hat?"

Der Jaguar brüllte laut und zeigte gen Norden. Der Kolibri folgte unschlüssig seinem Rat.

Con prudencia y en silencio, ágilmente
atravesó campos verdes, muy verdes,

With caution and in silence he rapidly
crossed green, very green fields,

Vorsichtig und still machte er sich flink wieder auf,
durchquerte grüne, sehr grüne Ebenen,

Con prudencia y en silencio, ágilmente
atravesó campos verdes, muy verdes,
sobrevoló lagos azules, muy azules,

With caution and in silence he rapidly
crossed green, very green fields,
flew over blue, very blue lakes,

Vorsichtig und still machte er sich flink wieder auf,
durchquerte grüne, sehr grüne Ebenen,
überflog blaue, sehr blaue Seen,

Con prudencia y en silencio, ágilmente
atravesó campos verdes, muy verdes,
sobrevoló lagos azules, muy azules,
descendió montañas rojas, muy rojas.

With caution and in silence he rapidly
crossed green, very green fields,
flew over blue, very blue lakes,
descended red, very red mountains.

Vorsichtig und still machte er sich flink wieder auf,
durchquerte grüne, sehr grüne Ebenen,
überflog blaue, sehr blaue Seen,
flog rote, sehr rote Berge hinab.

El Colibrí voló siguiendo aquel rugido que le llevaba en volandas por los aires hasta que vio a lo lejos un árbol enorme y frondoso. Allí se encontró con el búho sabio del cielo y le preguntó tímidamente:

- Señor Búho, ave sabia de la noche, ¿no habrá visto, por casualidad, mi pico?

Following the roar which was carrying him through the air, the Hummingbird flew until he could make out an enormous and leafy tree far away. There he met the owl, the wisest bird in the skies, and asked him timidly:

'Mr Owl, wise bird of the night, have you, by any chance, seen my beak?'

Dem Brüllen folgend, das ihn durch die Lüfte trug, flog der Kolibri, bis er in der Ferne einen riesigen, dicht belaubten Baum ausmachen konnte. Dort traf er den weisen Uhu des Himmels und fragte ihn schüchtern:

„Herr Uhu, weiser Vogel der Nacht, haben Sie nicht zufällig meinen Schnabel gesehen?"

El búho le observó mientras el Colibrí esperaba una respuesta
con impaciencia. Después el búho le señaló con su ala un lugar
en lo profundo de la selva y entonces susurró:
    - Observa y escucha con atención durante tu viaje.
Luego se hizo el silencio.

The owl watched quietly as the Hummingbird waited
impatiently for a reply. Then he pointed his wing towards to
an area in the depths of the jungle and whispered,
    'Observe and listen attentively as you travel'.
Then silence fell around them.

Der Uhu beobachtete ihn, während der Kolibri ungeduldig eine
Antwort erwartete. Schließlich zeigte der Uhu mit seinem Flügel
auf eine Stelle in der Tiefe des Dschungels und flüsterte:
    „Sei aufmerksam und beobachte auf deiner Reise."
Dann kehrte Ruhe ein.

Lenta, pausada y silenciosamente
    atravesó campos verdes, muy verdes,

Slowly, deliberately and silently he
    crossed green, very green fields,

Langsam, bedächtig und still,
        durchquerte er grüne, sehr grüne Ebenen,

Lenta, pausada y silenciosamente
      atravesó campos verdes, muy verdes,
            sobrevoló lagos azules, muy azules,

Slowly, deliberately and silently he
      crossed green, very green fields,
            flew over blue, very blue lakes,

Langsam, bedächtig und still,
            durchquerte er grüne, sehr grüne Ebenen,
                  überflog er blaue, sehr blaue Seen,

Lenta, pausada y silenciosamente
atravesó campos verdes, muy verdes,
sobrevoló lagos azules, muy azules,
descendió montañas rojas, muy rojas.

Slowly, deliberately and silently he
crossed green, very green fields,
flew over blue, very blue lakes,
descended red, very red mountains.

Langsam, bedächtig und still,
durchquerte er grüne, sehr grüne Ebenen,
überflog er blaue, sehr blaue Seen,
flog er rote, sehr rote Berge hinab.

Cuando llegó a un claro, se encontró con un ratoncito. Este no dijo nada, sólo cerró sus ojos. El Colibrí desconcertado los cerró también. Y así pudo escuchar. Escuchó al viento, las hojas y el rumor del agua. Entonces respirando profundamente, se adentró en los días, las semanas y los años pasados.

When he came to a clearing, he met a little mouse. The mouse said nothing and just closed his eyes. Confused, the Hummingbird closed his eyes too. That way, he could listen. He listened to the wind, the leaves and the sound of the water. Breathing deeply, he thought back to the days, weeks and years that had gone by.

Als er an eine Lichtung kam, traf er ein Mäuschen. Dieses sagte nichts, sondern machte nur seine Augen zu. Verblüfft schloss der Kolibri ebenfalls die Augen. Und so konnte er zuhören. Er hörte den Wind, die Blätter und das Rauschen des Wassers. Er atmete tief durch und gab sich den Gedanken an die vergangenen Tage, Wochen und Jahre hin.

El Colibrí quedó sumido en los sonidos de la selva.
Después abrió los ojos – y como por arte de magia –
¡su pico había aparecido!

The Hummingbird lingered, absorbed by the sounds
of the jungle.
Then he opened his eyes and –as if by magic– he saw
that his beak had reappeared!

Der Kolibri verweilte, vertieft in die Geräusche des
Dschungels.
Dann öffnete er seine Augen, und – wie von
Zauberhand – war sein Schnabel wieder aufgetaucht!

Alegre y contento
descendió montañas rojas, muy rojas,

Happy and content, he
descended red, very red mountains,

Fröhlich und zufrieden
flog er die roten, sehr roten Berge hinab,

Alegre y contento
descendió montañas rojas, muy rojas,
sobrevoló lagos azules, muy azules,

Happy and content, he
descended red, very red mountains,
flew over blue, very blue lakes,

Fröhlich und zufrieden
flog er die roten, sehr roten Berge hinab,
überflog er die blauen, sehr blauen Seen,

Alegre y contento
descendió montañas rojas, muy rojas,
sobrevoló lagos azules, muy azules,
atravesó campos verdes, muy verdes.

Happy and content, he
descended red, very red mountains,
flew over blue, very blue lakes,
crossed green, very green fields.

Fröhlich und zufrieden
flog er die roten, sehr roten Berge hinab,
überflog er die blauen, sehr blauen Seen,
durchquerte grüne, sehr grüne Landschaften.

Y así se hizo la noche. Las estrellas danzaron en el cielo al compás de la luna llena que las acariciaba con su luz mientras la calma reinaba en la oscuridad de la selva.

Eventually, night fell. The stars were dancing in the sky following the rhythm of the full moon that caressed them in its light, while silence reigned in the darkness of the jungle.

Und so nahm die Nacht ihren Lauf. Die Sterne tanzten am Himmel im Rhythmus des Vollmonds, der sie mit seinem Licht liebkoste, während die Stille in der Dunkelheit des Dschungels regierte.

A la mañana siguiente, el pequeño Colibrí se levantó muy temprano pero no peinó presumidamente su pelo, ni acarició su plumaje ni abrillantó su pico. El pequeño Colibrí cantó palabras preciosas acerca de la luna, las estrellas y el mar eterno. Y cada una de esas palabras llenó de vida cada rincón de la selva.

The next morning, the Hummingbird got up very early, but he did not vainly groom his plumage, caress his feathers or polish his beak. The little Hummingbird sang beautiful words about the moon, the stars and the eternal sea. And each of those words filled the jungle with life in every nook.

Am nächsten Morgen stand der Kolibri sehr früh auf, aber er kämmte nicht selbstverliebt seinen Flaum, strich sich nicht über sein Federkleid und polierte auch nicht seinen Schnabel. Der kleine Kolibri sang wunderschöne Worte über den Mond, die Sterne und das endlose Meer. Und jedes dieser Worte füllte den Dschungel bis in jede Nische mit Lebendigkeit.

El Autor - The Author - Der Autor

Jose Paniagua descubrió el mundo de los cuentos hace más de quince anos. Desde ese momento no ha podido desprenderse de la vida de las palabras. El maratón de cuentos de Guadalajara, España, le dio la primera posibilidad de contar y, hasta hoy en día, sigue haciéndolo dondequiera que se encuentre. Alterna la magia de contar con la escritura y "El Colibrí que perdió su pico" es su primer cuento publicado.

Jose Paniagua discovered the world of stories more than 15 years ago. From that moment on he has not been able to stay away from the life of words. The "Marathon of Stories" in Guadalajara, Spain, gave him a first opportunity to tell stories, and until today he does it wherever we find him. He alternates between the magic of storytelling and writing and "The Hummingbird who lost his beak" is his first publication.

Jose Paniagua entdeckte die Welt der Geschichten vor mehr als 15 Jahren. Von diesem Moment an konnte er sich vom Leben der Wörter nicht mehr lösen. Der "Marathon der Geschichten" in Guadalajara, Spanien, gab ihm erstmals die Möglichkeit zu erzählen, und bis heute tut er dies wo immer man ihn antrifft. Er wechselt zwischen der Magie des Erzählens und der Schriftstellerei und "Der Kolibri, der seinen Schnabel verlor" ist seine erste Veröffentlichung.

El Ilustrador - The Illustrator - Der Illustrator

Álvaro Prego nació en La Coruña, España, en 1964. Ha ejercido muchas profesiones como soldador, camarero o jardinero.
Pero la pintura es su pasión y su mayor diversión.

Álvaro Prego was born in 1964 in La Coruña, Spain. He has worked in many professions, such as welder, waiter or gardener.
Painting, however, is his passion and his favourite pastime.

Álvaro Prego wurde 1964 in La Coruña, in Spanien geboren. Er ist schon vielen Berufen nachgegangen, u.a. als Schweißer, Kellner oder Gärtner.
Seine Leidenschaft und sein Lieblingszeitvertreib aber ist die Malerei.

Mit Unterstützung der Tropenwaldstiftung OroVerde

Liebe Leserinnen und Leser,

Lateinamerika beherbergt riesige Tropenwälder und damit einen unglaublichen Schatz an Naturschönheiten und seltenen Tier- und Pflanzenarten. Mehr als zwei Drittel aller Tier- und Pflanzenarten unserer Erde sind in den Tropenwäldern zu finden. Dazu gehören auch Kolibris - die meisten der rund 340 Kolibri-Arten leben im tropischen Regenwald. Im Laufe der Evolution haben sich die einzelnen Kolibri-Arten jeweils an bestimmte Blüten im Tropenwald angepasst. Ihre jeweilige Schnabelform und -länge passt ganz genau auf eine bestimmte Blütenform. Damit ist der Kolibri aber auch abhängig vom Vorkommen der jeweiligen Pflanzenart. Stirbt die Pflanze aus, verschwindet auch der Kolibri.

OroVerde bemüht sich mit vielen Projekten in den Ländern der Tropen diesen einzigartigen Lebensraum zu erhalten: Wiederaufforstungen, Hilfe für die Kleinbauern und Umweltbildungsprojekte sind Beispiele. Die Menschen hier in den Industrieländern müssen einen großen Beitrag zum Tropenwaldschutz leisten, denn viele Ursachen der Zerstörung liegen bei uns. Mit unseren Umweltbildungsprojekten wollen wir gerade junge Menschen zum Mitmachen begeistern. Das vorliegende Buch zeigt dem jungen als auch dem erwachsenen Leser, wie abhängig eine kleine Vogelart von einer intakten Umwelt ist.

Wenn wir alle mitmachen und beim Schutz helfen, können wir den Tropenwald mit den Kolibris erhalten!

Dr. Volkhard Wille
Vorstand der Tropenwaldstiftung OroVerde

Los colibríes son tan diversos como sus plumas. Los hay grandes y pequeños, con picos muy distintos. Lo que tienen en común es que son los acróbatas aéreos entre las aves.

Colibrí

Los colibríes son diversos
No todos los colibríes son igual... menos 300 clases. El elfo de la... casi 7 centímetros es el ave más... Dentro de los colibríes más grande... colibrí gigante. Este mide aproxima... te 25 centímetros. El colorido plumaje... colibrí da un brillo casi siempre metálico.

Datos generales

tamaño:	7 - 25 centímetros
peso:	1,7 - 20 gramos
edad	hasta 3 o 4 años
alimentos:	néctar de flores, insectos
modo de vivir:	diurno, en arbustos y árboles
enemigos:	serpientes, aves rapaces, el hombre
estado de peligro:	"no están en peligro" hasta "en peligro de extinción"

Ubicación

Verdaderos acróbatas del aire
¡Increíble! El colibrí aletea hasta 90 veces por segundo. Por esto puede volar hacia atrás y hacia los lados. Además puede volar en un punto fijo, por ejemplo, cuando toma el néctar de una flor. Este néctar le da la energía suficiente que necesita para su particular forma de volar.

¿Qué tienen en común los colibríes y las serpientes?
Las dos especies tienen la lengua dividida en la punta. El colibrí tiene la lengua extremadamente larga y en forma cilíndrica, los que le permite chupar el néctar de las flores. La lengua puede hasta 200 veces lengüetear del pico.

La naturaleza como modelo
Un científico japonés desarrolló el primer robot colibrí. Con 30 aleteos por segundo, no logra ser tan rápido como su modelo. Hay muchas cosas que todavía podemos aprender de la naturaleza.